孔子哲学

THE PHILOSOPHY OF CONFUCIUS

蓝 进◎著

中国海洋大学出版社
CHINA OCEAN UNIVERSITY PRESS

孔子哲学

THE PHILOSOPHY OF CONFUCIUS

夫子何为者，栖栖一代中。
地犹鄹氏邑，宅即鲁王宫。
叹凤嗟身否，伤麟怨道穷。
今看两楹奠，当与梦时同。

——《经邹鲁祭孔子而叹之》· 李隆基

作者简介

蓝进，字耀廉，1928年生，福建古田人。曾就读于福州三一学院，毕业于省立福州高级中学。1948年考入国防医学院；1949年参加中国人民解放军；1954年毕业于上海第二军医大学。

曾任海军四〇二医院外科军医，青岛市第二人民医院外科主任，山东省海洋药物研究所英、俄、德、日资料翻译。1979年调入山东海洋学院（今中国海洋大学）任教授，讲授生物化学、分子生物学、毒理学、营养学等课程，并从事海洋药物、海洋资源应用等研究工作。2001年赴新西兰参加奥克兰大学和皇家科学院项目研究，曾任新西兰天然药物所常务副所长。著有《道德经导论》《老子哲学》。

序

/ Preface /

近代英国哲学家罗素在其著作中写道:“卢梭时代的到来,自认为改革派有二,一是追随卢梭,一是追随洛克,希特勒是卢梭的结果,罗斯福是洛克的结果。”

几百年前殖民主义者靠坚船利炮占领了美洲,几乎消灭了当地原住民。因而,他们坚信武力可以征服全世界。他们除了追随卢梭,更进一步开始信奉德国哲学家尼采,把战争视为美德,把百姓视为战争的活工具。他们着手建立强大的军工体系、军事体系、金元体系和科技体系。以金元为基础,充分利用先进的科学技术,带头制造最具杀伤力的武器,将军事基地遍布到世界各地。其航母和核潜艇游弋于各大洋,轰炸机和导弹覆盖五大洲,以泰山压顶之势,威慑着全世界大大小小的国家,随心所欲地发动了朝鲜战争、越南战争、阿富汗战争、伊拉克战争、利比亚战争……

直至今天,有人靠着这股势力,有恃无恐地干着野蛮、残酷、令人发指的罪恶行径。请看中东加沙,一栋栋高楼大厦化为断垣残壁;一群群父老乡亲,流离失所、四处逃命;失去孩子的母亲，跪在废墟前呼天唤地；失去母亲的孩子，爬在废墟里哭声震天！此情此景，怎不令人痛心泪下。更令人担忧的是，世界所有发生动乱的地方，几乎都有这股势力的身影。殖民者已经成为军工大老板，靠着出售武器赚着大把大把带血的金元！

这就是霸权控制下的西方世界。

在东方大地上，中华民族曾长期饱受奴隶主、封建主的奴役和压迫，又遭受近代殖民主义者用坚船利炮打开门户。继之，英法联军、八国联军、鸦片战争、甲午战争、日本侵华战争，接踵而来。其中火烧圆明园、南京大屠杀惨绝人寰、震惊世界。如今，这个历尽苦难的民族站起来了，不图报仇，不搞对立，不拉帮结派，而是沿着东方哲学的方向，提出构建人类命运共同体，继承丝绸之路，以“一带一路”将世界各国、各地联结起来，互相帮助，互通有无，共同进步，共同发展，共享成果，共同繁荣。在当今世界，这是一项造福人类的伟大创举，是东方哲学走向实践的坚实步伐。

东方哲学是东方之道的现代称谓，以老子哲学为主轴，源远流长。在人文领域，其主旨可以用老子《道德经》的最后一句话概括之：“天之道，利而不害；圣人之道，为而不争。”（《道德经》第八十一章）这是经典的总结，具有超时空意义。效法天道，做一切有利于人类世界的事，效法圣人之道，无私、无欲、无争、无妄地为人类做事，为人民服好务，不为自己争任何东西。

孔子继老子之后，在人文领域发展并丰富了东方哲学。孔子将哲学理念转化为具有可行性、可操作性、可实现性的人类行为纲领。孔子提出，以教育改造人类，培育仁性。战争改造不了人性，相互争斗也改造不了人性，只有教育才是改造人性唯一、正确的途径。只有教育好人类，人类才能安宁，人类才能和睦相处，人类世界才能没有战争，没有厮杀，没有霸权，没有霸凌，没有尔虞我诈，没有相互争斗。孔子的哲学思维是通过教育改造人性，培育仁性，从而达到家庭和睦、社会和谐、国家和好、世界和平的大同世界。孔子为此，终生奔走呼号，鞠躬尽瘁。作为一介草根学者，能“不失其位者，久；死而不亡者，寿”(道德经·第三十三章)，终成一代圣人，万世师表！

孔子是倡导人类精神文明的先驱，是人类灵魂的工程师。他给人类世界留下了极其珍贵的精神遗产。一是如何构建人类精神文明世界的实施蓝图。二是孔子终生坚持的受教、自教、互教，反思、反省、自我检查，以身作则、身体力行、诲人不倦的精神。为此，笔者在完成《道德经导论》《老子哲学》两部著作后，针对时弊和时代需求，深感总结孔子哲学非常必要。尽管笔者已是九五高龄，但矢志不移，全力以赴，终成此作，以期孔子哲学服务人民，造福人类，让人类精神文明与物质文明同步发展，并驾齐驱构建人类共同的美好家园！

蓝　进

二〇二四仲秋于青岛

目录 / Contents /

孔子哲学

第一章　绪论

孔子哲学蕴藏在孔子一生的活动、行为、言论主张和学说中。孔子自己没有来得及将其系统化和理论化，这部分工作就落在后人身上。2000 多年来，成千上万的各类士人、学者、专家等不遗余力地进行探讨和追索。由于各自立场、观点、方法、目的的不同，其产生的结果也是多种多样，极难统一，更谈不上形成一个既不失孔子原旨，又符合客观存在世界真实情况的完整哲学体系。但是，孔子哲学，不论如何深藏，都是一种客观存在。前人的努力，必然要在时空中经受各种实践的验证，就像淘金一样，淘尽黄沙始见金。

21世纪的今天，该是孔子哲学真容出现的时候了，不过，这只是开始，即使经过系统化和理论化后的孔子哲学，仍然要在时空中经受种种实践的考验。这里没有教条，也没有权威，只有实事求是的真理。相信后人将比我们更聪明，他们定会进行更为客观的取舍，从而使孔子哲学更臻完善。

一、概 述

为了如实和正确总结孔子哲学，必须认真对待以下三个问题。

关于原始材料

关于孔子生平、言论、主张和学说的资料，统统都是二手的，甚至是若干手之后的。以《论语》为例，它是孔子的学生或是孔子学生的学生在孔子之后数十年到上百年之间收集整理，直到战国时代才成书的。如果以孔子学生所作作为原始资料的话，这些原始资料经过秦始皇焚书坑儒都已化为灰烬。后来出现的是鲁国人口传的《鲁论语》

二十篇；齐国人口传的《齐论语》二十一篇；从孔子住宅夹壁中发现的《古论语》二十一篇。西汉帝师张禹根据《鲁语语》和《齐论语》编成《张侯论》。到了东汉末年，郑玄以《张侯论》为依据，参考《齐论语》和《古论语》作《论语注》是为今本论语，《齐论语》和《古论语》不久就亡灭了。

现存《论语》二十篇共492章，其中44章是孔子学生的言论，有4章是重复出现的。对孔子的称谓前后不一，有称“子”，有称“孔子”，似乎不像是郑玄整理过。

以上情况说明，孔子真传资料是没有的。如今见到的都是经若干笔传、口传而来的间接资料。而且，其间传承时间都在几十年到百年以上。传递者除孔子学生能较正确理解孔子意思外，他人难免吃不透，误解和错解是可能的；其中的误传误解是存在的。这就是我们传承者要面对的实际情况和必须解决的难题。

资料的诠释

2000 多年间，有关孔子言论和学说的诠释权基本掌握在统治者、贵族士大夫和御用文人手里，布衣学者的发言权是有限的，也是少有的。其次，绝大部分诠释是着眼于文字和章句，重视训诂，更热衷于从文献到文献，动辄引经据典，搬出权威人士来压场。很少人能从格物致知开始，在历史史实和现实世界中，以事实为基础，以义理为导向，进行实事求是、务实求真的解读。

有鉴于此，本书采取“依法不依人，依义不依文”的原则来解读孔子的言论和学说。“法”，就是事物本质及其规律；“义”就是义理和其逻辑。换句话说，就是只认真理，不认人物；义理是主轴，文字只是工具。排除一切教条和权威的干扰，打破文字的禁锢，使人们能够清醒地、理性地来认识孔子的初心和原旨，掌握其言论、学说所反映的客观存在世界的真实情况。从而，使人们觉醒，使人类觉悟，让全人类同心同德来改造这个不尽如人意的世界。

佛学翻译家鸠摩罗什曾经说过，翻译出来的文章都是被人咀嚼过的馒头。寻觅孔子哲学，不是给人送去被咀嚼过的馒头，而是给人送去认识和解读孔子学说的工具，是望远镜、显微镜。

文化发掘不是文化考古

本书是从有关孔子资料中寻找其精华和真谛。去粗存精，去伪存真，进而是寻找孔子言论和学说中具有超时空意义部分，也就是孔子哲学。

只有掌握了孔子哲学，才有可能正确认识和解读有关孔子资料，识别其中的真和伪、正和误，从而正本清源，去除污染和杂质。文化考古有助于弄清孔子的言行、主张和学说的来龙去脉，但不是本书的目的。本书的目的是古为今用，要将先哲留给后人的超时空智慧引向现代，引向全世界。让孔子哲学为全世界人民服务，造福全人类。

因此，本书用现代语言，现代知识来发掘和发展孔子的主张、学说和哲学。

二、历史和时代背景

中国是古猿类生活过的地方，是原始人类的摇篮之一，也是世界四大文明古国之一。

170万年前腊玛古猿类出现在云贵高原，70万年前蓝田人出现在西北的黄土高原，50万年前北京猿人已经活动和生息在黄河流域，1万8千年前，山顶洞人建立母系氏族公社，6000~7000年前仰韶文化和马家窑文化进入母系氏族公社的鼎盛时期，5000多年前龙山文化和齐家文化已进入父系氏族公社。在世界四大文明古国中，中国是文明发展最早的国家之一，有文字记载的历史达5000多年。

从三皇五帝到夏商周三代，又经历了数千年的文化积淀，造就了华夏大地这片文化沃土。到了周代，中华文化已形成规模。种种学术思想蓬勃发展，诸子百家如雨后春笋般涌现。此时，能称得上“家”的就有儒家、道家、墨家、法家、名家、阴阳家、纵横家、农家、医家、兵家、杂家和小说家等。孔子哲学就产生在这个百花齐放、百家争鸣的时代。这个时代，历史上称之为春秋战国时代（前770~前221），历时550年，中国哲学史上称之为子学时代。

从另一方面看，这也是一个相当独特的时代。经济发展促进了物质文明和文化昌盛，但是阻挡不了统治者私和欲的膨胀。老子所谓的“罪莫大于甚欲，祸莫大于不知足，咎莫大于欲得”（《道德经》第四十八章），这些甚欲、不知足和欲得正是统治者的私和欲恶性发展的结果。由此，好大喜功，争做霸主，扩展疆土，抢占资源，夺取奴隶，劫掠财物，无所不用其极。从而导致战火连年，民不堪命。这就造成春秋无义战的局面。历史的史实是：周朝初期的1800多个邦国到东周末年有1650多个邦国在战争中被消灭。剩下的140多个邦国，还处在相互厮杀和兼并中。最后留下10多个邦国，仍然相互虎视眈眈，互不干休，还要来个你死我活，以见高低！

战争最大的受害者是广大的黎民百姓。相互厮杀，杀死的是黎明百姓，而不是统治者。战争中一切耗费和负担统统落在黎民百姓身上，而不是落在统治者身上。统治者们依然可以前方吃紧，后方紧吃，不减锦衣玉食，不少金屋藏娇。战争胜利了统治者名扬四海，万方歌颂。无怪乎宋襄公执政10年就发动了11次战争。

邦国争雄，诸侯争霸，各国都想富国强兵。由此，对于各种各样人才的需求量大增，并且互相争夺。春秋时期，就是在这样的形势下，给学术的发展和诸子百家的诞生打开了一扇大门。

三、孔子哲学的产生

孔子哲学不是产生于对智慧的热爱，或是对宇宙奥秘的好奇和探索，也不是产生于寻找人类精神的慰籍，或是探求人生的归宿，更不是像德国诗人诺瓦利斯说的“哲学就是怀着一种乡愁的冲动到处寻找家园”。

孔子哲学是感于时代，为解决时代的症结和人类的苦难，以身相许，愿以终身的精力和心血去寻找原因和求索解决的办法。子曰：“朝闻道，夕死可矣。”（**《论语里仁篇第四》**），这是孔子的誓言，他以一生的行动践行了他的誓言。

孔子的身世，按司马迁和孔子自述“贫且贱”（《司马迁》史记）“吾少也贱”（《论语·子罕篇第九》）。孔子3岁丧父，17岁丧母，苦难的童年促成了孔子与苦难的人民结为一体，并且终生不离不弃。存在决定意识，这在哲学上确立了孔子以人为本，以民为主，坚定地站在受苦受难、最广大的人民立场上。这既是孔子的初心，也是孔子哲学的根本立场。子曰："吾十有五而志于学……"（《论语·为政篇第二》），从此，孔子开始有目的地坚持不懈地自觉学习。经过55年"为学日增，为道日损"（《道德经》第四十八章）的坚苦卓绝的自教过程，终于达到"七十而从心所欲，不逾矩"（《论语·为政篇第二》）的极高的道德境界。孔子以自身为范例，证明人类必须受教育，人性必须被改造，圣人不是天生的。

终生学习，终生受教、自教和互教是孔子寻觅救世济民之道的过程，也是孔子探索现实世界真实情况的过程。子曰："我非生而知之者"（《论语·述而篇第七》）。孔子明确表示他的一切知识都是从实践中得来的。因此，孔子除刻苦自学外，还在实践中向方方面面追求知识、探索实情和见贤思齐。子曰："三人行，必有我师焉。"（《论语·述而篇第七》）"子入太庙，每事问。"（《论语·八佾篇第三》）“夫子至是邦也，必闻其政”（《论语·学而篇第一》）孔子带领学生耗费自己行将暮年的14年时间，周访列国，返回鲁国时已是68岁高龄。此行，为的是实地考察和亲身认识现实世界。这便是孔子实事求是、务实求真的哲学思维。

在漫长岁月的实地考察中，孔子筚路蓝缕，四处奔波，历尽坎坷，几经磨难，访问过许多邦国，会见过许多王侯君主，就是没见到圣人，也没见到善人。子曰：“圣人，吾不得见之矣……善人，吾不得见之矣”（《论语·述而篇第七》）。孔子感叹，从来没见到像好色那样好德的人。子曰：“已矣乎！吾未见好德如好色者也。”（《论语·卫灵公篇第十五》）学生子贡问孔子：“今之执政者何如？”子曰：“噫！斗筲之人，何足算也”（《论语·子路篇第十三》）。

面对如此令人痛心疾首的现实世界，孔子依然是苦心孤诣，“知其不可而为之”（《论语·宪问篇第十四》）。鲁国人微生亩问孔子“丘，何为是栖栖者与？”孔子回答，现实世界积重难返，令人痛恨的“固疾”，怎么不叫人忧心忡忡，放不下心！“疾固也”（《论语·宪问篇第十四》）。孔子是铁了心，要从中寻找救世济民之道，并以此作为自己来到人世的责任和担当。“天下有道，丘不与易也。”（《论语·微子篇第十八》）孔子哲学就是从这里产生的。

四、孔子哲学的传承

2500多年来，中华文化的传承中处处都有孔子的身影。但是，大部分都是孔子言论、主张和学说的利用、引述以及从不同角度的诠释。而且，其主导方向是适应统治者的利益和需求。许多朝代都以孔子之说作为开科取士、选拔人才的考试内容，表面上看，似乎是在发扬和推行孔子之说；实际上，是各取所需，以至断章取义，在根本上却是禁锢孔子之说的真谛。

因此，论及孔子哲学的传承，不如说是各个朝代和不同时期对孔子言论、主张和学说的不同诠释和解读。

尽管如此，孔子初心、原旨和他终身求道的事实依然是客观存在，完全可以追索和溯源的。

（一）先秦时期

在孔子矢志求道的征途中，并非一路赞歌，蔑视者和攻击者不乏其人，在庄子著作中，可见一斑。

孔子深入无道的人世，在污泥浊水中摸爬滚打，为的是寻求救世济民之道。庄子在其著作《盗跖》中，借盗跖之口大骂孔子。“……鲁国巧伪之人孔丘……”“尔作言造语，妄称文武，冠枝木之冠，带死牛之胁，多辞缪说，不耕而食，不织而衣，摇唇鼓舌，擅生是非……”在盗跖辱骂面前，孔子依然平心静气，动之以情，晓之以理，为的是挽救一个无恶不作、残民以逞的暴徒，劝说盗跖改邪归正、重新做人。盗跖不但不听反而大怒，以刀斧相威胁，孔子退下。而庄子却把孔子描述成落荒而逃，无比狼狈，让超然物外、洁身自好的高士们见笑了。相比孔子一心想着施道行道，以德育人之心之切，何曾想到自己。这就是孔子下定决心要食人间烟火，不入虎穴焉得虎子的无畏精神。

孟子被认为是孔子之道的传人，誉为“亚圣”。基本传承孔子的主要思想，并有所发展。

（1）孟子发扬“人为本，民为主”的思想，大胆提出“民为贵，社稷次之，君为轻”（《孟子·尽心下》）。这是把人民摆在第一位，国家摆在第二位，所谓天子君王的执政者摆在轻于人民和国家的第三位。后面还加一句“是故得乎丘民而为天子”（《孟子·尽心下》）。丘，义为山坡、田野、土地，丘民是指耕作的劳动人民。这里明确表示，只有得到劳动人民拥戴者才可称为天子。换句话说，人民就是天，得到人民认可的人才可称得上天子，也就是人民的儿子。这在奴隶制、封建制时代可算是对“天子”的一个革命性解读。

（2）强调教育，孟子对此有深刻的表述。“人之有道也，饱食、暖衣、逸居而无教，则近于禽兽”（《孟子·滕文公上》）。这是说，人之所以为人，在于接受教育，如果吃饱了、穿暖了、住的舒适了，就是缺乏教育，那么，人就和禽兽差不多了。

孟子有许多独特的思想，和孔子不尽相同。孟子主张人性善，并提出人性的怜悯、谦让、羞恶和是非之心是善之端。孟子将正名引向社会分工，“或劳力，或劳心；劳心者治人，劳力者治于人；治于人者食人，治人者食于人”（《孟子·滕文公上》）。这个理念可导出两个结果，正确的是，劳力者从事生产劳动，供应人们衣食；劳心者从事管理工作，服务于大家，分工不同，但都是社会成员，不分贵贱。误导的是，劳力者是务农做工的苦力、贱民；劳心者是当官做老爷的上人、贵人。

孟子将天命加上意识，“天将降大任于是人也”（《孟子·告子下》），表明天有意识，这对后世的董仲舒产生了决定性的影响。

孟子过分强调精神作用，以至精神可以脱离存在。“尽其心者，知其性也。知其性，则知天矣。”（《孟子·尽心上》）这是说，从人心中，可以不通过实践就可以探索到物质世界及其规律。最后的结论是“万物皆备于我矣”（《孟子·尽心上》）。这个唯心观，为宋代理学家所继承。

孟子把血缘关系凌驾于仁义道德，以至国法之上。“身为天子，弟为匹夫，可谓亲爱之乎？”（《孟子·万章上》）这是说舜的弟弟象是杀人未逐犯，舜为天子不但不该惩处，还要给他封地，让他享受爵禄，以此表示舜对弟弟的爱心。这样，才能彰显舜的伟大。其中的逻辑是，天子之弟不该是匹夫，应该是大夫，刑不上大夫，犯了罪的大夫仍然是大夫，舜给弟弟封地授禄是顺理成章的。这个荒唐逻辑败坏了中华吏治数千年。

荀子在继承孔子之道中，有两个观点比较突出。

（1）荀子肯定天命的物质性和规律性："天命有常，不为尧存，不为桀亡。"（《荀子·天论》）又说："知命不怨天"（《荀子·荣辱》）。总的意思是天、天命是物质及其规律的客观存在，与人事和人的命运没有关系。

（2）强调私和欲发展为争和妄是人性之恶的根源。人性从"饥而欲食，寒而欲暖，劳而欲息，好利而恶害"（《荀子·荣辱》）发展为"目好色，耳好声，口好味，心好利，骨体肤理好愉佚"（《荀子·性恶》）。这许多"好"的极端是争夺和妄为。因此，荀子认为人性必须改造，改造人性在于教育，教育使"涂之人可以为禹"（《荀子·性恶》）。这是说一般人经过教育，同样可以成为像夏禹那样的圣贤。

上述观点，清晰地肯定孔子天命和教育第一的思想。

（二）汉唐时期

汉朝伊始，推广孔子礼仪的是叔孙通。叔孙通阉割孔子礼仪的道德核心，仅仅利用礼仪的形式，建议刘邦制定礼仪法度，以典礼仪式彰显皇帝的无限尊贵。刘邦第一次尝到礼制使他无比风光的甜头。孔子之道从这里开始被利用和被异化。

汉朝初期，推广孔子之道最出力的要算董仲舒。他的目的非常明确：道，要为帝王的统治服务。用现代语就是主义要为现政权效劳。董仲舒利用孔子之道一统天下，排斥异道。他按是否符合帝王统治的要求，对孔子之道进行取舍，完全损失了孔子之道的原旨。

董仲舒以人合天，天合人，创建天人合一论。天无所不能，无所不在，无所不包。“天者，百神之大君也”（《春秋繁露·郊语》）。由此，董仲舒提出，君权神授，连三纲五常都是天安排的。董仲舒以儒家身份摧毁了孔子的实事求是，务实求真，以人为本，以民为主，以德为导，以礼（法）为制的根本理念，开启此后两千多年对孔子言论、主张和学说的误解、错解和扭曲。

唐代韩愈以捍卫和继承孔子之道作为己任。韩愈认为孔子之道源于尧舜，传于禹汤，继之文武，周公到孔子，孔子再传孟轲，“轲之死，不得其传焉”（韩愈《原道》）。这是说，孟子死后，孔子之道就终断失传了。

而韩愈重振和复兴的孔子之道是这样的：“是故君者，出令者也；臣者，行君之令而致之民者也；民者，出粟米麻丝，作器皿，通货财，以事其上者也。”（原道）这里明确表达，皇帝君王是发号施令的上人，将相臣工是传达帝王命令给黎民百姓的执行官员；黎民是用粟米麻丝和各种用品、财货奉养帝王将相这些上层人物。这就是韩愈所谓原道的实质。韩愈再在这个原道上冠以“博爱的谓仁，行而宜之之谓义，由是而之焉之谓道”（原道）。这是要求帝王、将相、士大夫和黎民百姓都要用仁义、道德来执行和实现各自的职责。“君不出令，则失其所以为君；臣不行君之令而致之民，则失其所以为民；民不出粟米麻丝，作器皿，通货财，以事其上，则诛。”（原道）这是说，皇帝君王不能发号施令，就当不上皇帝君王；将相臣工不能传达和实施皇帝君王的号令就当不上将相臣工；黎明百姓交不上粟米麻丝、各种用品和财货来奉养帝王、将相、士大夫就要杀头、诛戮。这就是韩愈《原道》仁义道德全面的具体内涵。

（三）宋明时期

宋代，孔子之道被许多着重义理的学者们所接受。但是，他们都以自己的义理来理解和诠释孔子之道。

周敦颐高度评价孔子之道："道德高厚，教化无穷，实与天地参而四时同，其惟孔子乎！"（《通书》）张载更是推崇为"为天地立心，为生民立命，为往圣继绝学，为万世开太平"。实际上，他们是以歌颂来高举孔子这面大旗推行他们的义理之学。

北宋程颢提出，"天者，理也"，程颐提出"只心便是天"。他们认为"天下皆是一理""理一分殊"，从一个理衍生出千差万别的万事万物。这些说法倒像是董仲舒的近亲，和孔子都沾不上边。到了南宋的朱熹，集理学之大成，并将其系统化和理论化，形成了儒家一个理学大派系。

同时，陆九渊提出"宇宙便是吾心，吾心即是宇宙"（《象山全集·杂说》）的心学。这与理学相较，显得更唯心了。

明代的王阳明继承理学和心学，提出“心即是理”“知即是行”，建立知行合一而成良知的思维体系。

总之宋明的理学和心学，多用训诂考据阐释孔子之道，其中还掺入许多禅学，这和孔子的哲学关系，越发疏远了。

（四）清民时期

明末清初，顾炎武、黄宗羲等人对宋明的理学和心学提出批判。这里值得提出的是王夫之，他提出理学和心学是以禅学取代孔子之道。王夫之强调“天下惟器而已。道是器之道，器不可为道之器。”（《周易外传》卷五），一语道破天机，明确点出，物质是第一性，心、理是从属于物质的。这样，又把孔子之道回归到客观存在的物质世界中来。

清朝的惠栋，开创乾嘉学派。乾嘉学派采用训诂考证的办法，仍然脱离不了汉唐的旧路。

晚清的公羊派出现康有为、谭嗣同、梁启超等新派人物。从康有为鼓吹君主立宪，可以看出他们还没有走出封建统治的牢笼，别的就没有什么值得说的了。

民国时期，先进分子开始发起对封建统治和封建道德的总进攻。孔子之道却成为首当其冲的冤大头。“打倒孔家店”就是当时提出的口号。从此，孔子之道经常处于被批判的地位。但是，在中国广大民间，仍然尊师重道，孔子作为万世师表的光环始终闪耀在中国人的脑子里。直到20世中后期，“文化大革命”中，孔子的纪念场地和许多文物遭到重度打砸，令人痛心。

综观孔子之道，是在云里雾里被传承着、被误解着、被推崇着、被歪曲着、被歌颂着、被利用着，跌宕起伏、沉浮不定。2500多年过去，历史长河的波涛，千淘万漉，去尽黄沙，该是始到金的时候了。

五、孔子哲学的定位和成就

排除门户之见，实事求是地看待孔子的行为、言论和学说，就会清清楚楚地看到孔子是在孜孜不倦地承续老子哲学，在人文领域中寻找出一条具有可行性、可操作性和可实现性的救民济世之路。这条路的主轴是人为本、民为主、德为导、礼法为制，为政者必须坚持“为学日增，为道日损”（《道德经》第四十八章）的自我教育，增强理性和良知，减损私、欲和争、妄，去除种种杂念，树立“圣人无常心，以百姓心为心”（《道德经》第四十九章）；从而实现“天之道，利而不害，圣人之道，为而弗争”（《道德经》第八十一章）的施政纲领。

孔子将老子哲学的天道、天德引入人类世界，转化成为人道人德。“天命之谓性，率性之谓道，修道之谓教。”（《中庸》第一章）教，就是教育，人类必须被教育，人性必须被改造，特别是执政者的被教育和改造。因为他们关系着千百万黎民大众的身家性命、祸福安危的生死存亡问题。为此，孔子强调执政者先受教育。

教育的内涵是“修道”，修道的具体化是“修身以道，修道以德，修德以仁，修仁以礼，修礼以对万民”。子曰：“道之以德，齐之以礼”（《论语·为政篇第二》）。这是对黎民百姓的要求，执政者必须“克己复礼为仁。一日克己复礼，天下归仁焉”（《论语·颜渊篇第十二》）。孔子将人心教育和改造成“已所不欲，勿施于人”（《论语·卫灵公篇第十五》），“己欲立而立人，已欲达而达人”（《论语·雍也篇第六》）的仁心。将礼作为待人的行为准则，并提出严格的要求，即“非礼勿视，非礼勿听，非礼勿言，非礼勿动”（《论语·颜渊篇第十二》）。这是从意识到行为上杜绝非礼的产生，可谓用心之苦，疾恶之切。

综观上述，孔子将哲学从虚位引向实体，彰显哲学的应用价值，认识存在是为了改造存在，造福人类。

第二章 哲学观

作为原始哲学，却能正确真实地反映客观存在世界，这和孔子的初心和原旨密切相关。孔子是为救世济民，救万民于水火，解百姓于倒悬而寻找办法。因此，他放眼客观存在世界，纵横历史史实，细察人文发展，聚焦人类自身，为的是获取真实情况和一手资料。老子哲学的起步是“致虚极，守静笃，万物并作，吾以观其复”（《道德经》第十六章）。这是说，面对万事万物，要求排除一切干扰，平心静气，清醒地、理性地、虚心地进行反复实践和观察。

孔子哲学的起步是孔子四绝，即“勿意，勿必，勿固，勿我”。（《论语·子罕第九篇》）这是说，面对客观存在世界的万景万象和万事万物的认识坚持四个绝不允许：一是绝不允许猜想和臆测；二是绝不允许武断和想当然；三是绝不允许固执和顽固不化；四中绝不允许以我定位，刚愎自用。

孔子哲学就是遵循这四个原则展开的。

一、世界是物质的

在孔子的词汇中，天、天命、天地、天道指的都是物质世界。孔子从“十有五而志于学”“五十而知天命”整整经历了三十五年时间的探索，才达到“知天命”。在孔子心目中天命是“天何言哉？四时行焉，万物生焉，天何言哉！”（《论语·阳货第十七篇》）这是说，天不同于人，天没有话语，是以其四时运转和生养万物而呈现其客现存在。后一句的“天何言哉”再次强调天不是人类，天没有语言，孔子的这个说法和老子的“天地不仁，以万物为刍狗（《道德经》第五章）相似。老子又说“夫天地无亲，常与善人”（《道德经》第七十九章），再次表达天地不是人类，没有七情六欲，更没有爱和恨、亲和疏。但是，天地永远在做着有益于人类的事。

在这个认识基础上，孔子和老子一样感到物质世界的深不可测、奥不可知、奇不可预、妙不可言。老子称之为“玄之又玄，众妙之门”（《道德经》第一章）。孔子则表示敬畏。子曰：“君子有三畏：畏天命……”（《论语·季氏篇第十六》）由此贯彻到孔子一生中，是孜孜不倦地深化对天命的认识。在没有取得真实知识之前，孔子对天命是谨言慎行，绝不妄加诠释。无怪乎孔子的学生子贡说：“夫子之文章，可得而闻也，夫子之言性与天道，不可得而闻也。”（《论语·公冶长篇第五》）性与天道，是指物质世界的本质和规律。“天命之谓性，率性之谓道，修道之谓教。”（《中庸》第一章）这里明确表述，天命和性指的都是物质世界和其属性。

孔子对物质世界运动和变化的描述是取类比象、含蓄其意。“子在川上曰：‘逝者如斯夫，不舍昼夜。’”（《论语·子罕第九篇》）这是说，物质是在永不停息地运动中变化着，如同江河之水不分白天黑夜流向远方。这和古希腊哲学家赫拉克利特说的一样，一切皆流，一切皆变，人不能两次走进同一河流。两位哲人说的是，人们看到的都是物质世界的瞬间，转瞬即逝。

以上所述，说明孔子和老子一样把物质世界看成是独立于人类意识之外的客观存在。这个存在只有规律，不牵涉意识和神灵。物质世界衍生的万事万物和万景万象，老子称之为“玄之又玄，众妙之门”，孔子则表示敬畏。老子把物质世界的一切从人类的立场将其表现归纳为“道德”。道，指物质；德，指属性。老子的《道德经》转释成现代语就是“物质属性论”。老子的具体表述是：万物是“道生之，德畜之，长之育之，成之熟之，养之覆之。生而不有，为而不恃，功而不居，长而不宰，是谓玄德”（《道德经》第五十一章）。这是说，物质生万物、养万物，不但不将其占为己有，而且是劳而不怨，功而不居，只作万物的管理者而不宰割万物，这种德行老子歌颂为“道之尊，德之贵，夫莫之命而常自然”（《道德经》第五十一章）。这就是物质世界无私、无欲、无争、无妄的自然属性，老子称之为“玄德”。孔子将这种属性看作是人类应该效仿的“明德”，明德类似老子的“玄德”。大学之道，在明明德，在亲民，在止于至善（《大学》第一章）。这是说孔子学说的最大学问是要探索和搞清楚“明德”。明德就是物质的属性，就是物质世界的无私、无欲、无争、无妄的自然属性。这和“道生之，德畜之，长之育之，成之熟之，养之覆之。生而不有，为而不恃，长而不宰，是谓玄德”是一个意思。

只有搞清楚和坚持“明德”，才能“亲民”。“亲民”是要把广大人民放在第一位，把人民看成是自己的父母、兄弟姐妹一样的亲人，尊敬、友爱和呵护。以此，达到“善”的最高境界，“止于至善”。

如何“明明德”，孔子哲学的答案是格物致知。“欲诚其意者，先致其知。致知在格物，物格而后知至，知至而后意诚，意诚而后心正，心正而后身修，身修而后家齐，家齐而后国治，国治而后天下平。”（《大学》第一章）这一段话，明确表述了孔子哲学的物质基础和唯物观。格物就是以物质为对象，进行深入的研究。

不论意诚、心正、身修、齐家到治国平天下，都得从物质开始。一切都离不开物质，只有格物，才能致知。这就是孔子哲学的唯物论。

在孔子的词汇中，天下的内涵是人类与人类

改造过的生存环境和自然环境。对于人类世界，孔子哲学是以人类为基础，聚焦于人类。在孔子哲学中的人是指整体的人类。提到人都是涉及人与人之间和人与群体之间的关系。离开群体，人是不存在的。孔子说过：“鸟兽不可与同群，吾非斯人之徒而谁与？”（《论语·微子篇第十八》）这是说，人不能与鸟兽同群，我们作为人，离开群体又能和谁待在一起呢？在此，孔子揭示了那些明哲保身、超然物外的高士们的行径是脱离现实的。

二、人类是世界的主人

在孔子的词汇中，天下是指以人类为主的物质世界。孔子的初心是“天下者天下人之天下也”。大同世界是孔子的理想。孔子在言论、主张和学说中，处处都表达着“大道之行也，天下为公，选贤与能，讲信修睦”（《礼记》礼运）。

老子哲学揭示了人类的发展，“人法地，地法天，天法道，道法自然”（《道德经》第二十四章）。人类来源于天、地和自然，是物质世界的高端产物。

同时，老子哲学把人看成如天、地、道一样伟大。“道大，天大，地大，人亦大。域中有四大，人居其一焉”（《道德经》第二十五章）。这是人类作为人类世界主人的根据。孔子哲学虽然没有表述人类的发展，但是，和老子一样，将人和道置于同等地位。孔子之道的最高点是仁。“仁者，人也，亲亲为大”（《中庸》第二十章）。这里将人提高到仁的高度，因为人类知道人与人之间应该相互关爱。“亲亲为大”，是说人类爱护人类是最大的仁德。孟子说“仁也者，人也；合而言之，道也”（《孟子·尽心下》）就是说道离不开人，离开人，就不成其道。

人类是世界的主人，进而阐释为人为本，民为主，社会和国家都要以人民为主体。孟子对此发展为“民为贵，社稷次之，君为轻”（《孟子·尽心下》）。这是说：人民最为高贵，社会、国家和政府排在第二位，君王、元首和领袖只是服务员、管理员和人民的公仆，排在第三位。

三、人类必须改造

这是孔子哲学的最强音，作为世界主人的人类，不改造人类自身就无法担当世界主人的重责，不改造人类自身就没有人类尊严。这一点，孟子理解得很深刻。“饱食暖衣，逸居而无教，则近于禽兽”（《孟子·滕文公上》）。这是说，人如果只是吃饱、穿暖、住好，而不接受教育和思想改造，那就和禽兽差不多了。

孔子投身于人类社会，竭终身之精力，在人际交往的实践中观察人类，特别关注的是统治者和执政者。这些人不仅拥有权、势、名，更掌控着政治、文化、艺术，并左右社会舆论、意识形态等。孔子观察的结果是：“吾未见好仁者，恶不仁者”（《论语·里仁篇第四》）；“由！知德者鲜矣”（《论语·卫灵公篇第十五》）；“已矣乎！吾未见好德如好色者也”（《论语·卫灵公篇第十五》）；“已矣乎！吾未见能见其过而内自讼者也”（《论语·公冶长篇第五》）；“圣人吾不得见之矣……，善人吾不得见之矣！”（《论语·述而篇第七》）；“子贡曰：‘今之从政者何如？’”子曰：

“‘噫！斗筲之人，何足算也！’”（《论语·子路篇第十三》）

总结孔子观察所见：一是知道道德的人很少，见不到好仁德的人，也见不到痛恨不仁的人；二是见不到圣人，也见不到善人；三是没有见到有过能自我责备的人。四是当今的从政者都是度量狭小的的酒囊饭袋，连末等的士都不够格。

以上所叙，揭示了奴隶制、封建制世袭下来的执政者的真实情况，为此孔子忧心忡忡。难怪鲁国人微生亩问孔子：“丘，何为是栖栖者与？无乃为佞乎？”孔子回答：“非敢为佞也，疾固也。”（《论语·宪问篇第十四》）这是微生亩见孔子惶惶不安、四处奔波，问他难道为的是显示智慧和才华？孔子回答，怎敢卖弄才华，日夜担心的是许多顽固不化的无德之人！

孔子一生都在做调查研究工作。“子禽问于子贡曰：‘夫子至于是邦也，必闻其政……’”（《论语·学而篇第一》）这是说孔子每到一个邦国，都要了解这个国家的政事。从这些政事中，孔子可以清楚地观察到每个执政者的德行。因此，孔子观察所见的都是真实的、可信的第一手资料。

在孔子整个人生过程中，他亲身参与社会活动，宣扬选贤与能，讲信修睦，修身齐家，治国平天下。同时进行了大量的调查研究工作。

四、哲学的回归

孔子哲学源于实践，源于存在；其终极目的还是要回归实践，回归存在。

揭示人类世界的虚伪、罪恶和丑行，为的是构筑人类世界的真、善、美！

哲学可以指导我们总结过去，改进现在，完善未来，使我们保持清醒的头脑、冷静的心态和无私的胸怀，从而对人类的过去进行理性的分析和反思，大胆地揭示教训，吸取教训，以教训作为警戒，杜绝重蹈历史覆辙。这比文过饰非，大谈功绩和经验，炫耀过去的光辉更有意义。

第三章　世界观

子曰：“天何言哉？四时行焉，百物生焉，天何言哉？”（《论语·阳货篇第十七》）子在川上曰：“逝者如斯夫，不舍昼夜。”（《论语·子罕篇第九》）“子不语怪、力、乱、神。”（《论语·述而篇第七》）这几句话道出孔子世界观的基础是面对存在世界，不谈暴力动乱，也不谈鬼怪神灵，而是实事求是、务实求真地追索这个世界可道的真实情况。

一、天道是公允的

天、天命、天道指的是大自然、宇宙及其运行规律。它是客观存在，无声无息地运行着。春夏秋冬的交替，伴随着春生夏长、秋收冬藏，以丰硕的果实养育着天下万物，这是天的作为。它是大公的、无私的，生而不有，为而不恃，功而不居，长而不宰。天道只有给出和奉献，没有苛求和索取；对于万物一视同仁，从不偏心。所以孔子说：“巍巍乎！唯天为大”（《论语·泰伯篇第八》）。无比崇高啊！只有天最是伟大！

天道是公允的，日月所照，雨露所润，不分人种，不分地域，不分贫富，一样对待，大爱无边。

子夏问孔子：“何谓三无私？”孔子回答：“天无私覆，地无私载，日月无私照。（《孔子家语·论礼第二十七》）”孔子和老子都是一个说法，天是大公无私的。

二、人道存在严重问题

人道的低端是私、欲、争、妄；人道的高端是理性和良知。前者是以人的生物性和生理性为基础形成的，后者是人类从原始猿人向现代人逐步进化形成的。前者在人道中是根深蒂固，后者在人道中是星星之火。古人早就总结出“人心惟危，道心惟微”（《尚书》大禹谟）。智慧在人道中摇摆于前后两者之间。这就是使得人道出现许多变数，呈现出扑朔迷离、令人难以捉摸的状态。

圣人，可以在人道中产生，仁、义、礼、智、信也可以在人道中产生；同样，卑鄙小人，可以在人道中产生，阴谋诡计、奸诈恶毒也可以在人道中出现。人道中一部分人成为帝王、将相、士大夫，而另一部分人成为黎明百姓、奴隶和贱民。前者荣华富贵，风光无限，后者饥寒交迫，求生艰难，有的终生为奴，可以被买卖、殉葬、甚至杀戮。这就是人道存在的严重问题。

从三皇五帝到夏商周三代的历史史实，处处显示着人道存在着严重问题。孔子歌颂尧舜的同时，必然知道舜的父亲瞽叟和舜的弟弟象是企图杀害亲子或亲兄的未遂罪犯，更知道夏桀、商纣是专制独裁、无恶不作的暴君。《诗经》中，既有值得歌颂的，又有该受诅咒的；纯洁的爱情和淫荡乱伦同在，高尚和卑鄙并存。孔子无奈地说“《诗》三百，一言以蔽之，曰：‘思无邪’”。（《论语·为政篇第二》）后人只能将其理解为用无邪的正念去思辩人道的无道。

老子大胆地揭示人道是反天道的。“天之道，损有余而补不足，人之道则不然，损不足以奉有余”（《道德经》第七十七章）。这是说人道不公，压榨贫穷的来奉献给富裕的。如同杜甫诗句所说，“朱门酒肉臭，路有冻死骨”。

三、世道是丑恶和残酷的

孔子亲身经历过奴隶制、封建制的世道。在这个世道里，统治者中鲜有圣人和善人，只充斥着撒谎、骗人的人。

孔子是这样描述这个世道的：“圣人，吾不得见之矣”；“善人，吾不得见之矣，得见有恒者斯可矣。亡而为有，虚而为盈，约而为泰，难乎有恒矣”（《论语·述而篇第七》）。这是说圣人、善人，我见不到了，若能见到有操守的人，我就心满意足了。不幸的是，见到的大都是一些弄虚作假、相互欺骗的撒谎者，没有说有，空荡荡的装成满当当的，明明饿死了人却说人民丰衣足食。更有甚者，那些世袭王侯爵位的执政者们都是一些器量狭小的酒囊饭袋，连末等的士都不如。孔子在回答子贡“今执政者，何如？”之问时说：“噫！斗筲之人，何足算也！”（《论语·子路篇第十三》）斗，表示器量只有斗那么大；筲，表示竹制的篓，用来装饭的。这样的一些人，还能谈得上什么道德、仁义、廉耻吗？

这个世道不但丑恶，更是不公和残酷的。“由未之识也，吾语汝。汝以仁者为必信也，则伯夷、叔齐，不饿死首阳；汝以为智者必用也，则王子比干，不见剖心；汝以为忠者必报也，则关龙逢不见刑；汝以为谏者必听也，则伍子胥不见杀……”（《孔子家语·在厄第二十》）。这是孔子告诉他的学生仲由（子路），“仲由，你不懂呀！我告诉你，这个世道好人不一定有好报，别以为你仁爱善良，人家就会相信你，如果是这样，伯夷、叔齐就不会饿死在首阳山；别以为你有聪明才智，人家就会接纳和重用你，如果是这样，王子比干就不会被剖胸挖心了；别以为你忠心耿耿、无私奉献，人家就会以诚相报，如果是这样，关龙逢就不会惨遭刑戮；别以为你知无不言、言无不尽，好心提意见，人家就会接纳你的善意，如果是这样，伍子胥就不会被割去脑袋”。世道就是如此不公和残酷，统治者的心就是如此反常，非善人常人所能理解。

四、人类的理性和良知依然存在

黎民百姓、广大劳苦大众虽然没有受到什么文化教育，仅仅从父母兄长那里接受些善良语言之教和朴实行为的影响，他们中却有忠信之人出现。子曰："十室之邑，必有忠信如丘者焉，不如丘之好学者。"（《论语·公冶长篇第十五》）这是说，十户人家居住的地方，一定会有忠厚诚信，像我孔丘这样的人。这个事实说明，人类的理性、良知和真情并没有泯灭，依然存在，这是人类的希望，也是人类发展和进化的方向。

综上所述，孔子的世界观聚焦在人类世界。

第四章　人生观

孔子非常重视人的人生观，他倡导教育就是为了培育和塑造人的人生观。子曰："有教无类。"（《论语·卫灵公篇第十五》）这是要求不分身份、族群、贫富、贵贱，人人都得接受教育，从而造就每个人的人生观。

人生观决定着人的品质和人生的价值。人的人生观决定着人类家庭、社会、国家和整个世界的治与乱、安与危。孔子特别重视执政者的人生观，他们可以造福一方，也可以祸害一方。"不去庆父，鲁难未已。"（《左传》闵公元年）春秋时，鲁庄公之弟庆父一而再地策划弑君政变，搞得鲁国动乱不止，民不安生。

不同的人生观，影响和决定着人类世界发展的行程，同时也关联着亿万人民的幸福和灾难。

一、做人

一个人，不论自觉或不自觉都在做着不同的人。只顾自己，不管别人，是小人；为了自己，伤害别人，是坏人；为了自己，也为着别人，是善人；先人后己，总替别人着想，是仁人；忘了自己，总想着大家，舍生取义，杀身成仁，是圣人。自己到底是什么样的人，是由自己决定的。

孔子教导人，要做君子不做小人，更不做坏人。所谓要做君子，就是要做善人、仁人，力争做圣人。子谓子夏曰：“女为君子儒，无为小人儒。”（《论语·雍也第六》）这是孔子告诫学生要做善良、仁德的学者，不做自私自利，只谋自己，不顾他人的小人儒。

孔子言论中，大量记载着做人的道理。其核心是平等待人，视人如已，“已所不欲，勿施于人。”（《论语·颜渊篇第十二》）。“君子成人之美，不成人之恶”（《论语·颜渊篇第十二》）。“夫仁者，已欲立而立人，已欲达而达人。”（《论语·雍也篇第六》）孔子的这些教导道出了人类正确人生观的思想基础。总结为一句话，你是人，别人也是人，你想好，别人也想好。道理就是如此简单，无须更高的理论。

因此，做人的底线是不得伤害他人，不做危害家庭、社会、国家和人类世界的事。这就是孔子人生观的基本要求和做人基础。

二、人生价值的最大化

人的自我价值和社会价值之间，孔子更着眼于人的社会价值。孔子希望每个人都能为家庭和睦、社会和谐、国家和好和世界和平尽一份力量。这个力量的最大化，就是每个人人生价值的最大化。这是孔子对人生观的高端取向，也是孔子提倡修身齐家、治国平天下的终极目的。这样，将使人的价值更上一层楼。

子曰：“君子谋道不谋食。”（《论语·卫灵公篇第十五》）所谓谋道就是为天下苍生谋生存，谋福祉，避苦唯，求安生，这是何等伟大而高尚的事业！子曰："志士仁人无求生以害仁，有杀身以成仁。"（《论语·卫灵公篇第十五》）这是孔子表述一个追求人生最高价值者，忘我奉献、舍生取义、不图个人私欲、不为荣华富贵、鞠躬尽瘁、死而后已的崇高志向。

三、人生观是培养出来的

"玉不琢，不成器；人不学，不知义。"（《三字经》）正确的人生观不是天生的，必须靠人类自我培养和塑造。"为学益增，为道日损，损之又损，以至于无为，无为而无不为。"（《道德经》第四十八章）这是老子培养和塑造人生观的至理名言。每天学习只是增加人的知识，使人明白事理，这是不够的。想要做一个纯粹的、高尚的人，以至做一个圣人，那就得改造自己，使私、欲、争、妄一天比一天减少，最后达到"生而不有，为而弗恃，功成而弗居"（《道德经》第二章）、"长而不宰"（《道德经》第十章）的无私、无欲、无争、无妄的"无为"状态。只有这样，才能全心全意为天下苍生谋生存、谋福祉；只有这样，才能竭尽全力为人民做一切的事（无不为）。

老子之教转化为孔子之言，成为更具体、更切实可行的行为准则。子曰：“君子谋道不谋食。”（《论语·卫灵公篇第十五》）子曰：“君子食无求饱，居无求安，敏于事而慎于行”（《论语·学而篇第一》）。这是要求为道者，忘了自己，兢兢业业地为人民办事。

面对人类世界形形色色的人生观，孔子指出一条正确的人生观，其基本原则是平等待人、人人平等、尊己尊人、爱己爱人、相互尊重、相互爱护。从常人到圣人到伟人都要“己所不欲，勿施于人”“已欲立而立人，已欲达而达人”。只有朝着这个方向去努力，才能体现出人生价值的无限性，一个人不仅仅为自己而活着，还要为家庭、为族群、为社会、为国家，以至为整个人类世界而活着，这就是人生价值的无限性。

第五章　价值观

孔子的价值观，务实求真，重在落实，面对当下，着眼未来。在追求现实价值的同时，还要像“十年树木，百年树人”（《管子》权修）一样，要求价值在时空中延续，而不是昙花一现，转眼即逝的瞬间泡影。

掌握孔子的价值观，可以揭示现实世界中一些价值的虚伪性和欺骗性。真实的价值必有真实的意义，在明确价值的主体，确定价值的客体之后，价值必须具有可行性和可操作性，其关键在于可实现性和抗干扰性，其终极要求就是要达到对主体利益和诉求的净价值，也就是排除干扰后的不折不扣的最大化实惠。

价值的概念，不仅在理论上极其复杂，在现实和实践中更是千变万化、真假莫测。

以下以孔子终生求道的历程来表述孔子的价值观，或许要比从学术性和理论性来探讨来得确切明了。

一、道的价值

子曰："朝闻道，夕死可矣。"（《论语·里仁第四》）孔子视道如命，足见道的价值。

道的价值如下。

（1）以人的最大群体作为价值的主体。

（2）价值的实现，以人的受教和自教改造人性，培养德性，使物质文明与精神文明同步发展，避免以残酷斗争、严刑峻法或是发动战争来改造人文世界。

（3）道的价值是追求受益人群的最大化，从个人、家庭、家族、种族、社会、国家，直到整个人类世界，受益人群不分地域、种族、国家，智愚、贫富、贵贱一视同仁。

（4）道是构建人类理想社会和大同世界的理论基础。

但是，道是理念、虚名、理想，道的真实价值的实现，必须由虚变实，由理想变现实，由理论变实践。因此，道的实行和价值的实现，必须落实在人的身上，使道的属性成为人的属性，也就是使道之德转化为人之德。只有道之德成为人之德，道才能走向实现价值的道路。

二、德的价值

德是道的属性，合称道德。道生万物，德养万物。道之德是“生而不有，为而不恃，功不在居，长而不宰”（《道德经》第十章）。这是无我奉献之德，老子称之为玄德，意思是无上之德。这个德是人类世界最最需要之德。德之贵在于无私、无欲、无争、无妄。它是解决人类世界争权夺利、勾心斗角、称王称霸、相互厮杀的唯一法宝。孔子将道之德通过教化转为人之德，使德成为人类的属性。因此，只有德成为人类的属性，德才具有可实现的价值。这是道进入人类世界的必经之路。所以，孔子说的“人能弘道，非道弘人”（《论语·卫灵公篇》）就是这个意思。只有把德培养成人的属性，人才能将道之德发扬光大，这就是“人”能“弘道”的真实意义。

三、仁与义的价值

仁与义是德的核心。道之德只有扎根在人的思维，成为人的理念，进一步转化为人的属性——仁与义，才算是向价值走近重要的一步，否则，仍然是虚位。韩愈称之为“定名”（原道）。所谓定名，不过是固有名称而已。人们可以满口仁义道德，而心中所想却是另一回事。孔子强调“学而时习之”（《论语·学而第一》），子夏解释“君子学以致其道”（《论语·子张篇第十九》）。这是说，学道离不开不断实践，只有通过长期实践，才能达到“习与性成”（尚书·太甲上）的目的。使仁和义在持久的实践中逐步转化为人的属性。只有仁与义成为人的属性，仁与义才能具有真实的价值。

四、礼的价值

礼是道之德通过仁与义落实在人的行为上的实际行动。因此礼是实现道德仁义价值的终端效应。所有道德仁义相关的虚位定名，只有成为现实的行为，才能体现其真实价值。

在孔子哲学中，礼的内涵远超出礼貌、礼节、礼仪的范畴。在六经中，礼道行，表示礼要贯彻到个人、家庭、族群、社会、团体和邦国之间的种种关系中。所谓礼制就是规范这些关系中每个人的行为准则。这个准则是纪律、是法规。

孔子极其重视礼制，就是因为礼制是道德仁义价值的终极体现。道德仁义，只有实现在人的行为上时，才具有真实的价值，否则都是空话，毫无价值可言。

五、人是实现价值的最重要因素

子曰："人能弘道，非道弘人也。"（《论语·卫灵公篇第十五》）这是孔子在追求实现道的价值中引导出的论断，是实践的总结，也是超时空的哲学总结。在人文领域和人类世界中，不仅是“道”这个具有理论价值的虚位概念，必须人来付诸实现，其他的诸如信仰、理念、主义等的价值，同样必须人来付诸实现，这里没有例外。

在人类世界，人是实现价值最积极、最活跃和最重要的因素。人可以实现和发扬道的价值，但是，人也可以干扰和破坏道的价值的实现。

在此，孔子肯定道的价值要由人来实现，这就是“人能弘道”；同时，孔子又警示不能拿道来装璜人、粉饰人，这就是“非道弘人也”。前者是用道来教育人，改造人，达到“克已复礼”，修身、齐家、治国、平天下的目的。后者扬弃道的内涵，利用道德仁义来装点自已，于是出现假仁假义和虚情假意的礼数、礼貌和礼制。老子在《道德经》中深刻地揭露了以道弘人者：“失道而后德，失德而后仁，失仁而后义，失义而后礼。夫礼者，忠信之薄，而乱之首”（《道德经》第三十八章）。这就是挖空了道的核心内涵，越过克已复礼，戴上礼的假面具，装扮得彬彬有礼。这个礼却是无忠、无信、无仁、无义的乱世丑态。

综观孔子价值观，其突出点如下。

（1）明确价值主体，追求受益群体的最大化，其终极受益群体是全人类。

（2）聚焦价值实现的全过程，明确实现价值的可行性、可操作性、可实现性和抗干扰性。

（3）人是实现价值的最重要、最关键和最活跃因素，只有“人能弘道”，因此，孔子终生不遗余力地在做人的工作。

（4）教育是实现价值的首项甚至唯一的有效措施，教不好人，再好的理念、理论和主义都是空洞的、无效益的和无价值的。

试看今日世界，人们为有自由、民主的价值观而自豪，而炫耀，考其实质，自由、民主实现几何？

自由到底是谁的自由？是不是只有自己的自由，没有别人的自由；“只许州官放火，不许百姓点灯”？

民主，总是“你民我主”，有权有势者总是作主，无权无势者总是作民。

从这里可以看到孔子价值观的深邃和睿智、务实和前瞻！

第六章　认识论

孔子哲学的认识论侧重于对人及其精神的认识；对于物质世界的格物致知，主要认识天命，效法天德，以天德作为修身齐家的楷模。

认识存在是为了改造存在，认识人类世界的种种不幸，是为了消除人类世界的种种不幸，孔子哲学的认识论力求揭示人类世界的真实情况，为的是解决人类世界的症结，造福人类。

一、认识源于实践

子曰："我非生而知之者，好古，敏以求之者也。"（《论语·述而篇第七》）这是说，知识不是天生的，而是通过学习和实践取得的。人类所有的知识都是从人的实践中取得的。所谓学习，除了在实践中学习外，还要接受前人和同代人实践所得的知识，后者为间接知识。每个人都要在不断和反复的学习和实践中，验证和吸取真实的知识。孔子从“十有五而志于学”，经过三十五年的反复学习和实践，才达到“五十而知天命”（《论语·为政篇第二》）。这是说，认识客体取得真实知识并非容易的事。其间不仅要“学而时习之”（《论语·学而篇第一》），“学而不思则罔，思而不学则殆”（《论语·为政篇第二》），还要好好地向古人、前人学习，积极地身体力行，在实践中去考察，去追索，“好古，敏以求之者也”（《论语·述而篇第七》）。

综上所述，意识源于存在，存在决定意识，这就是孔子认识论的唯物观。

二、孔子四绝

“子绝四：毋意、毋必、毋固、毋我。”（《论语·子罕篇第九》）这是孔子认识论的四项基本原则。

勿意，绝不允许离开实事和事实，罔作臆测和随意猜想，意识必须紧紧地建立在存在的基础上。

勿必，绝不允许离开实事和事实，进行想必是，想当然的凭空推导。

勿固，绝不允许固守教条或信条，顽固不化地将条条框框施加于实事和事实之上。

勿我，绝不允许以我为核心，以我为主，以我为正确，凌驾于诸事之上、诸人之上。

坚持以上四个基本原则，将使人类对客观世界的认识更接近于真实情况。对于执政者来说，可以避免决策失误，对于执法的法官们来说，可以避免冤假错案的发生。

孔子四绝，是万世圣训、救世单方，统治者们若能以此四项原则作为座右铭，人类世界将会减少许许多多的人为灾难，历史史实可以为此作证。

三、格物致知

这是孔子哲学对认识的唯物观语言。格物致知在训诂考证中有多种解释。这里根据孔子哲学的实际情况，给出两种解读。

格物致知就是从客观存在的物质世界中，探索和找出物质存在的真实情况，从而追究其属性和规律。这个解读又可以引出两个不同的观点。

其一，把从物质中寻找的属性和规律，看作是物质之理，并认为物质之理是产生物质之源，理是第一性，理生物，物是第二性，这就是唯理论，属于唯心论体系。

其二，正确的解读是物质是第一性，属性和规律是从属于物，是第二性，物中有理；并非理生物，理中有物。

格物致知就是探索天命，也就是探索物质世界。格物致知揭示天道生万物，天德育万物，正如老子所言："道生之，德畜之，长之育之，成之熟之，养之覆之。生而不有，为而不恃，长而不宰，是谓玄德"（《道德经》第五十一章）。孔子将此作为原道，以天德作为修身之教，视老子所谓玄德为最高道德，称之为明德。

"大学之道，在明明德，在亲民，在止于至善。"（《大学》第一章）欲明明德就要从格物致知做起。"古之欲明明德于天下者，先治其国；欲治其国者，先齐其家；欲其齐家者，先修其身；

欲修其身者，先正其心；欲正其心者，先诚其意；欲诚其意者，先致其知。致知在格物。”（《大学》第一章）这是阐明，格物是致知的开始，致知从格物起步。进一步要真诚实意地领会天道的大公，天德的无私和无我，以此来修身和改造自己，从而达到齐家、治国、平天下。换句话说，在格物致知中，明明德要落实在修身和改造自身上，从而构筑和睦家庭、和谐社会、和好国家和和平世界。

四、对人的认识

在人类世界中，人是最难认识的。孔子终其一生都是在与人打交道中认识人的：从自我认识到认识周边的人，从认识历史中人到认识现实中人，从认识统治者到认识黎民百姓。人的多样性都是显示在动态、生活、处事、言谈、苦乐、权势与落魄、富贵与贫贱之中。人世间的种种环境对于人来说都是试金石，是考验，是挑战。每个人有每个人的反应。只有投身于人类世界，历经沧桑，受尽劫难，才能深刻地体会到人是最难捉模的。

孔子提出认识人的三个步骤。子曰：“视其所以，观其所由，察其所安，人焉廋哉？人焉廋哉？”（《论语·为政篇第二》）这是孔子实事求是、务实求真、认识人本质的科学方法。按此步骤探索，可将一个人透视得“一丝不挂”，深入肺腑，暴露无遗。

（1）视其所以。观察一个人在干什么，做什么。这是从人的行为、言论和种种表现来看一个人，认识一个人。

（2）观其所由。观察一个人，他是怎么做，采用什么办法做，选择什么手段做。这里着重于观察如何做，怎样做，从做法和手段来认识一个人。

（3）察其所安。观察一个人这样做、这样干的目的是什么，安的是什么心。

通过以上三个步骤来反复观察一个人，从而达到正确地认识这个人。

五、认识的无限性

从老子哲学认识论到孔子哲学认识论，都是一样地认为认识是无限的。

“致虚极，守静笃，万物并作，吾以观其复。”

(《道德经》第十六章)结果是“知不知，尚矣”(《道德经》第七十一章)。这是一个认识过程。从不知到知，而知中又有许多不知；再从许多不知到知，而知中再有许多不知。认识就是在如此知与不知的循环中深化，追求着万事万物的真谛。老子认为这是认识的最佳途径。

孔子终生求道，教导学生“学以致其道”(《论语·子张篇第十九》)。求道过程就是学的过程，也是认识过程。在此过程中，孔子要求“学而时习之”(《论语·学而篇第一》)，谨记“学而不思则罔，思而不学则殆”(《论语·为政篇第二》)。学要不间断地学，反复地学，还要不断地思考。学与思、思与学的反复过程就是认识的深化过程。这个过程的无限性也就是认识的无限性。

第七章　人性论

孔子在不断地社会实践中逐步认识人性。孔子认识人性是通过自己细心观察而获得的，不是凭想像或是推断而虚拟的人性。子曰："视其所以，观其所由，察其所安，人焉廋哉？人焉廋哉？"(《论语·为政篇第二》）这是从人的行为来判断人的属性，看一个人在做什么，他是怎样做的，他的目的是什么，他安的是什么心。这样去探索人性，人性就出来了，人性的本质就隐藏不住了。孔子没有说人性是善，也没有说人性是恶。因为一个人一个样，千个人千个样，人性是复杂的、多样的、多面的和多变的。这些人性在不同的时空中，表现得淋漓尽致。孔子除了在自己的家乡鲁国，还用了 14 年的时间周游列国，实地考察、见识和验证了人性的方方面面。孔子对人性并没有做专门的、系统的总结和论述。孔子认识人性是为了改造人类，培育仁性，其主旨在于教育。

下面是从孔子言论、主张和学说中，归纳和总结出的孔子人性论。

一、性相近

子曰："性相近也，习相远也。"（《论语·阳货篇第十七》）

性相近，但不是完全相同。人与人之间存在着个体差异，比如遗传的差异，即使一母同胞还存在着父本与母本基因组合的差异。因此，相同是相对的，差异是绝对的。

人性的相似性可概括如下。

（1）同为肉体凡胎，都具有生物性和生理性，这是人类机体的属性。人要生存，就要衣食住行；人要传宗接代，就要生儿育女。"食色性也"（《孟子·告子上》）就是这些属性的概括。

（2）人有思想和感情。思想和感情在生物性和生理性的激动下，产生人的个体诉求和个体利益，这就是人性私和欲的物质基础。

（3）理性和良知之苗。人的思想和感情结合人的智慧和悟性，向正面方向发展时，产生人的理性和良知。孔子视之为道心之源，孟子将其作为性本善的根据。

荀子以人性的“饥而欲食，寒而欲暖，劳而欲息，好利而恶害”（《荀子》荣辱）发展为“目好色，耳好声，口好味，心好利，骨体肤理好愉佚”（《荀子》性恶）为据，认为人性本恶。

孟子以“恻隐之心，人皆有之；羞恶之心，人皆有之；恭敬之心，人皆有之；是非之心，人皆有之”（《孟文·告子上》）归纳为“恻隐之心，仁也；羞恶之心，义也；恭敬之心，礼也；是非之心，智也”（《孟子·告子上》）为据，提出人性本善。

综合荀子和孟子之见，人性既有恶源，又有善根，两者何去何从，在于“习相远”。

二、习相远

孔子认为，曾经相似的人性在不同的时空中演变和分化而成为不同的、差异越来越大的、千差万别的种种人性。下面表达孔子的两个观点。

（1）存在决定人性。不同的环境塑造了复杂、多样的种种不同的人性。

（2）久习成性，时间在不断地固化着人性，造就了个体、集体、团队、阶层和族群的独特人性。人的阶级性就是在共同利益长期驱动中形成的。

孔子经过长期考察发现在不同环境中的人群有着不同的人性。

对王侯国君在拥有近乎无限权力的环境中的人性，孔子描述如下。

子曰："吾未见好德如好色者也。"（《论语·卫灵公篇第五、子罕篇第九》）

子曰："圣人，吾不得见之矣"（《论语·述而篇第七》）。

子曰："善人，吾不得见之矣"（《论语·述而篇第七》）。

子曰："我未见好仁者，恶不仁者。"（《论

语·里仁篇第四》）

子曰："已矣乎！吾未见能见其过而自讼者也。"（《论语·公冶长篇第五》）

子曰："吾未见刚者。"（《论语·公冶长篇第五》）

答子贡之问："今之从政者如何？"子曰："噫！斗筲之人，何足算也！"（《论语·子路篇第十三》）

按孔子之描述，用现代语转述如下。

我找不到像好色那样好德的人。

我找不到圣人，也找不到善人。

我找不到好仁的人，也找不到仇恨不仁的人。

真令人失望呀！我找不到犯了错误能心生愧疚而自我责备的人。

我找不到刚强的人。

子贡问："当今的执政者如何？"孔子回答："唉！尽是一些器量狭小的酒囊饭袋，算不上人物。"

以上，就是孔子在王侯国君中见到的情况。

在黎民百姓中考察到情况，孔子是如下描述的：

子曰:“十室之邑,必有忠信如丘者焉”(《论语·公冶长篇第五》)。这是说,只要有十户人家这样的小村庄,必定会有像我孔丘这样忠信的人。

从以上两个考察结果,可以看到“习相远”竟然产生如此天壤之别的差距。

三、可歌可泣的人性

母爱是可歌可泣的人性,与生物性相关,是人类理性和良知之源。

母爱是无私的、无我的、无微不至的,付出生命也在所不惜的爱,是人类大爱之源。孔子的身世就是在这苦难的大爱中打造出来的。

孔子未曾提及,但是孔子尽毕生之力都在弘扬这个大爱。

子曰:“弟子入则孝,出则弟,谨而信,泛爱众,而亲仁(《论语·学而篇第一》)”。孝是对母爱的感恩和回报,伟大的母爱激发着人类的思想和感情沿着理性和良知产生出反哺之心——

孝。孔子以孝作为人性的源头，引导出悌，悌就是敬兄长，爱弟妹。由此推广到谨而信，泛爱众，而亲仁。其终极是仁，仁者，人也，其内涵就是人与人之间要相互尊重、相互关爱，用孔子的原话就是"已所不欲，勿施于人；""已欲立而立人，已欲达而达人"。这就是孔子一生追求的天下归仁。

孔子把母爱作为人类爱之源。母爱沿着人的思想和感情，激发出人类的理性和良知。人类只有沿着理性和良知，才能生出感恩之心，才能善待同类，才能泛爱众而亲仁。

四、可憎可恨的人性

人类在争夺权位，争夺财富的过程中，常表现出无情、残酷、阴险、毒辣直至无所不用其极，丧心病狂，令人发指的人性。在奴隶主、封建主的权位交替中，子杀父，父杀子，兄弟相残，同室操戈，屡见不鲜。

在诸侯国之间，为了称霸、扩土、兼并、争夺资源、掳掠人口、抢劫财富，引发连年战火，厮杀不断，造成人民流离失所、家破人亡、田园荒芜、生灵涂炭的惨烈后果。孔子对此深恶痛绝，在回答鲁哀公之问时，做如下评述。

孔子曰：“今日君子（指王侯国君），好利无厌，淫行不倦，荒怠慢游，固民是尽。以遂其心，以怨其众，以忤其众，以伐有道。求得当欲不以其所，虐杀刑诛不以其治。”（《孔子家语·问礼第六》）

孔子指出，当今的王侯国君，唯利是图，贪得无厌，只图淫乐，玩世不恭；榨取民膏民脂，满足私欲；忤逆民意，发动不义战争，为的是逞强称霸；失职失责，滥杀无辜，不管人民死活。

这就是可憎可恨的人性。

五、人性是可塑的

从考察到亲身体会，孔子认为人性是可塑的。将人性塑造成仁性，培养成仁性，是孔子终生追求的坚定信念。孔子以自身作为范例，证实和实现了这个信念。

孔子自述：“吾少也贱，故多能鄙事。”（《论语·子罕篇第九》）就是这样一个低贱的贫民，靠着受教、自教和互教，求学、自学和互学，不断地反思、反省和自我检讨，坚持自我改造，终成一代圣人、万世师表。而孔子从不承认自己是圣人、伟人。历史学家司马迁对孔子赞曰：“高山仰止，景行行止，虽不能至，然心向往之！”

第八章　教育观

孔子的教育观成型于晚年，是孔子一生探索和实践的总结，它更具有可行性、可操作性和可实现性。

孔子视教育如生命甚至重于生命。子曰："朝闻道，夕死可矣。"（《论语·里仁篇第四》）。孔子求道是为修道，"修道之谓教"（《中庸》第一章），修道就是教育，教育就要修道，修道就要修己。"修己以敬""修己以安人""修己以安百姓"（《论语·宪问篇第十四》），教育就是改造自己，为人而改造自己，为人民而改造自己，为人类而改造自己。

孔子教育观的展开就是一套完整的改造人性的教化工程。孔子将改造人性、培育德性置于传授知识、传授技术、传授专业和解惑之上；强调教育就是改造人性，教育是终生的，掌权者必先受教；全民教育是人类世界文明基础，要求教育环境最大化，使世界成为教化人类的大学堂。

教育是发展人类精神文明的唯一途径，是人类精神进化的正确道路。

一、教育就是改造人性

将改造人性作为教育的主旨和第一要义，因为人性的改造对于人类来说至关重要，这和老子哲学“为学日增，为道日损”（《道德经》第四十八章）的观点相一致。为学只是增长知识，只有为道、修道才能制约私和欲，减损争和妄。子曰：“君子谋道不谋食。”（《论语·卫灵公篇第十五》）子曰：“君子食无求饱，居无求安”（《论语·学而篇第一》）。老子和孔子的说法不同，但他们的深层意义却是一脉相承，都关切着人性的改造。人性的改造决定着人类的命运和人类世界的进化。

远在尧舜时代，先人已经发现“人心惟危，道心惟微”（《尚书》大禹漠），险恶多变和无常的“惟危”人心给人民带来无穷的灾难。为此，舜在与禹进行权力交接时，告诫禹“人心惟危，道心惟微，惟精惟一，允执厥中”（《尚书》大禹漠）。只有改造人性，培育道心，制约和管控惟危的人心，才能做到“惟精惟一，允执厥中”。

在人性中，善与恶共存，正与邪共存，是与非共存，真与假共存，美与丑共存，智与愚共存；同样，伟大与渺小共存，高尚与卑鄙共存。这就是人性的客观性和辨证性。揭示真实的人性不是丑化人性，更不是攻击或抹黑任何人，而是为了改造人性，培养人性，使人性朝着真善美的方向发展和进化。

战争改造不了人性，相互厮杀和相互争斗也改造不了人性，只有教育才是改造人性、培养人性的唯一途径。

改造人性是一条艰难的、阻力重重的、漫长而无止境的道路。但是，人类只有这一条路可走，为了千千万万苦难的人民和整个人类的命运和福祉，这条路一定要走。

孔子就是这样一位“知之不可而为之”（《论语·宪问篇第十四》）、知难而上的教育家。

二、教育是终生的

教育与每个人以至整个人类的生生息息密切相关。“修道之谓教。道也者，不可须臾离也。可离，非道也。”（《中庸》第一章）。“人之有道也，饱食暖衣，逸居而无教，则近于禽兽。”（《孟子·滕文公上》）老子以物警示“物壮则老，是谓不道，不道已”（《道德经》第三十章）。人到老来，不学不教就要不道，不道就会衰败以至凋亡。传说中圣明的尧帝晚年失教而德衰，为舜所禁固，这是教训，值得借鉴。由此可见，不论圣人伟人，始终都要处于自教、自学和自省中，否则就要失去光环，跌落神坛。

孔子以自身为范例，在享年七十三岁的人生中，从小接受母教，“十有五而志于学”，为学不辍，自教不懈，直至“七十而从心所欲，不逾矩”（《论语·为政篇第二》）。终生之教，造就了一代圣人，万世师表。

教育应从家教开始。子曰：“弟子入则孝，出则弟，谨而信，泛爱众，而亲仁”（《论语·学而篇第一》）。从小就要教之以爱心、感恩之心、尊长之心，为培养孩子成为文明之人、优秀人才奠定坚实的基础。良好的家教是对孩子最大的爱！

人性的培育和塑造是长期的，与生相伴的，不可能一蹴而就。不论孔子的四教“文、行、忠、信”（《论语·述而篇第七》）或是孔子四绝“毋意、毋必、毋固、毋我”（《论语·子罕篇第九》），都要终生修练，时刻不得松懈。与此相应，孔子的为教之道是“学而不厌，诲人不倦”（《论语·述而篇第七》），“抑为之不厌，诲人不倦”（《论语·述而篇第七》）。孔子谨守此道，终生不懈。

三、掌权者必先受教育

鲁庄公问孔子关于“一言可以兴邦”“一言而丧邦”之事时，孔子回答：“如不善而莫之违也，不几乎一言而丧邦乎？”（《论语·子路篇第十三》）这是说，如果掌权者的错误之言没有人敢违抗，这几乎是一言可以亡国！权力授予掌权者如此重大的职责，掌权者能不慎乎！

权力可以使志士仁人、圣人伟人完成惊天动地、造福万民的伟大事业；权力也可以使志士仁人、圣人伟人权迷心窍，权令智昏，失却理性和良知，成为祸国殃民的罪魁祸首。

因此，掌权者必先受教育，并且要永远处于受教、自教和互教，为学、自学和互学，反思、反省和自我检查中。以此巩固道心，警惕“惟危”的人心，以免掉进万劫不复的罪恶深渊！

掌权者必先受教，永远处于教育中，这是对掌权者的最大爱护和关怀，也是对千百万人民大众的身家性命、祸福、安危的最大负责！

权力的魔力不仅是权中自有“黄金屋”，权中自有“颜如玉”；权力还能使人风光无限，前呼后拥，威风凛凛，万众唯唯，鲜花掌声不断，歌颂赞美不绝。权力竟能如此置人于难以自控的境地。无怪乎老子提出“古之善为士者……豫兮若冬涉川”（《老子·道德经第十五章》）。这是说，善为道的掌权者，如临深渊，如履薄水，提心吊胆，惟恐有失，犹如冬天过河，战战兢兢地对待权力。孔子提出：“无为而治者，其舜也与！夫何为哉？恭己正南面而已矣。”（《论语·卫灵公篇第十五》）这是说，无私、无欲、无争、无妄地为百姓办事，大概只有虞舜吧！他的做法就是严于律已，中正不阿，光明正大，忠于职守，仅此而已。

权力关系着亿万人民的身家性命、安与危、生与杀、祸与福，掌权者绝不得掉以轻心！掌权者必先受教，终生受教，是孔子哲学的金科玉律。

“修道之谓教”（《中庸》第一章），受教就是修道，修道就是效法天道，以天德塑造人德。“天之道，利而不害，圣人之道，为而不争”（《道德经·第八十一章》），天德就是“生而不有，为而不恃，功而不居，长而不宰”（《道德经》第二章、第五十一章）的无私、无欲、无争、无妄之德。孔子将其具体化，修道以德，修德以仁，修仁以礼，修礼以对万民。“仁者，人也，亲亲为大”（《中庸》第二十章）。礼是仁的体现，礼的实施就要亲爱万民，呵护万民，这是最大的仁。子曰：“泛爱众，而亲仁。”（《论语·学而篇第一》）。

四、教育是全民的

子曰：“有教无类。”（《论语·卫灵公篇第十五》）教育应为全人类所拥有，不分肤色、不分种族、不分智愚、不分贫富、不分贵贱、不分地位统统都有受教育的权利。教育既是权利，又是责任和义务，剥夺受教育权是反人类的，是有罪的。人类世界之所以能成为人类世界，是由于教育；没有教育就成不了人类世界，更没有人类的文明。只有全民教育才有可能讲平等，讲自由，讲民主，讲文明，否则就是弱肉强食，兽性横行，行尸走肉，毫无廉耻的动物世界。缺失教育的人群只能被所谓的“精英”“天才”“人杰”肆意愚弄。时至今日，教育不能普及，从而导致某些国家和地区种族歧视，民主、自由、平等成为空喊的口号，权力操纵在一小撮人手里，选举和公投掌握在政治野心家和其豢养的操盘手手中，黎民百姓因缺教而成群盲，随风飘荡，任人摆布！

因此，全民教育是构筑文明世界的基础。只有通过全民教育，让每个人都受教育，才能提高全民文化、文明和精神素质，以此为基础方可建成人类文明的世界。

从历史史实和当今世界来看，奴隶主、封建主、资本家、帝国主义者和殖民主义者都没有想过要全民教育，他们想要的是劳动力。奴隶主要的是奴隶，封建主要的是农奴和佃户，资本家要的是工人，帝国主义者和殖民主义者要的是可以为他们攻城略地、争夺资源、扩张疆土的士兵。缺失教育的人群是愚昧的群体，他们是受害者；但是在前述的统治者眼里，他们都是最可利用的活生生的工具。因此，这个缺失教育的群体既是受害者，又是伤害别人的加害者，大部分战争的实质都是这个群体间相互残杀。

全民教育是实行真正民主的前提。孟子曰：“民为贵，社稷次之，君为轻。”（《孟子·尽心下》）这是孔子哲学产生的为政理念。民为贵才能民为主，民为主才能民为贵，但是，如何使民为贵，怎样才能使民为主？缺乏教育的人民成为文盲，愚昧、无知、迷信、粗暴和野蛮的群体。他们之间，要么像散沙，要么成群结队相互斗殴，这样的群体能有尊严吗？能当家作主吗？结论只有一个，归还全民受教育权，只有全民受教育，才能有人民民主！

五、教育环境的最大化

子曰："里仁为美，择不处仁，焉得知。"（《论语·里仁篇第四》）"里仁"和"处仁"表明仁的环境对人的熏陶和潜移默化，犹如春风化雨滋润万物一样，有利于人性的塑造和培育。教育不单是课堂的教育，而是整个人类生存环境的教育。存在决定意识，环境塑造着人性。家庭、学校、社会、工作单位的人群相聚，都在以活生生的实物、实事、实情无声无息地影响着人性，感染着人心。出淤泥而不染是不可能的。

孔子非常重视构筑育人的环境，视环境为教化育人的利器。子曰："工欲善其事，必先利其器。居是邦也，事其大夫之贤者，友其士之仁者。"（《论语·卫灵公篇第十五》）孔子每到一个邦国，就想团结贤者、仁者，以此形成一个无形的教化团队，借此影响和引导所在邦国的上层人士，目的仍然是教化育人，与人为善，希望所在邦国能施仁政，以道治国，善待人民。

子曰："三人行，必有我师焉。择其善者而从之，其不善者而改之。”（《论语·述而篇第七》）这是孔子把行走的旅途也要变成受教、自教和互教的场所。

总之，孔子的教育宏图是想把整个人类世界都成为教化育人的大学堂。

第九章　仁学

仁，可以贯穿人类世界和人文领域的方方面面，是孔子哲学的核心理念。修道以德，修德以仁，修仁以礼，仁是承上启下的道德枢纽。仁学可以作为人类精神世界的最高境界，具有超时空的价值。

一、仁的概念

樊迟问仁，子曰："爱人。"（《论语·颜渊篇第十二》）。孔子明确表示仁就是爱人。孔子又说："泛爱众，而亲仁"（《论语·学而篇第一》）。要广泛地爱众人，亲所有仁心之人。子曰："仁者，人也，亲亲为大。"（《中庸·第二十章》）仁就是以人为本，以人为本，就得以仁为本；

以仁为本，就是人类要爱人类。“亲亲为大”就是人类要亲人类，这是人类世界的大事。人类世界只有“老吾老以及人之老，幼吾幼以及人之幼”（《孟子梁惠王上》），才能家庭和睦，社会和谐，国家和好。当人类世界能以仁为本，人者即仁者时，人间将充满爱，人类世界将没有战争，没有厮杀，没有霸凌，没有欺压；人与人之间没有相互斗争，只有相互关爱。

仁的基本理念就是让爱心占据人心，人心转化为仁心，让仁心成为众人之心，从而逐步造就整个人类世界的仁心。

二、仁之源

仁，源于天道，天生万物。“生而不有，为而不恃，功成而弗居”（《道德经》第二章），长而不宰（《道德经》第五十一章）。天道垂爱万物，无私奉献。子曰：“天何言哉！四时行焉，百物生焉，天何言哉？”（《论语·阳货篇第十七》）天，无声无息地滋养着万物，呵护着万物，这就是天道之大爱。

仁，源于人类思维和情感的正面发展而来的理性和良知，孟子的四端，“恻隐之心，人皆有之”（《孟子·告子上》）“恻隐之心，仁之端也”（《孟子·告子上》），加上羞恶之心、谦让之心和是非之心，四者皆是仁心之源，道心之始。

仁，源于良好的家庭教育、学校教育和社会环境正面风尚的熏陶。子曰：“里仁为美，择不处仁，焉得知。”（《论语·里仁篇第四》）寻找仁者群居的地方居住是培养仁性、仁德的最佳选择。存在决定意识，环境潜移默化着每一个人。

人类世界深受不仁之苦，人之不仁，战火连年，厮杀不断；欺凌不绝，争斗不已；亲人不亲，同室操戈。多少城池被毁，田园荒芜；多少尸横遍野，血流成河；多少家破人亡，妻离子散；又有多少流离失所，生不如死。子曰：“人之于仁也，甚于水火。”（《论语·卫灵公篇第十五》）这是血泪之言，人民多么渴望仁心和仁道！

三、仁是人类属性进化的标志

仁是人类智慧正面发展的产物，也是人类自我反思、反省和不断检讨中的理性取向。尤其在苦难之后，痛定思痛，使人类深刻地认识以下几点。

（1）人，是群体的人，不是个体的人。从群体中来，又要回到群体中去。生我、养我、育我者是恩人，我生、我养、我育者，是要我无私奉献的人。这个生态链要用仁来贯通。孔子提出“入则孝”（《论语·学而篇第一》）。孝，是仁的体现和实行，孝就是以感恩回报奉献，从而构成人类世界爱的生态循环。

（2）“仁者，人也”（《中庸》第二十章）这是说要用仁来对待所有的人。这里所指的人是没有高贵人和低贱人之分，也没有优等民族和劣等民族之别。仁的基础是大家都是人，人人平等，不分你我，人与人之间都要以仁相待，以仁相处，仁在人中，人在仁中。

（3）人有生命权、生存权和人格尊严权。仁，要求珍惜、维护和尊重人的生命权、生存权和人格尊严权。每个人捍卫自身的人权，也要维护别人的人权。仲弓问仁，子曰：“己所不欲，勿施于人。”（《论语·颜渊篇第十二》）孔子又说：“夫仁者，己欲立而立人，己欲达而达人。”（《论语·雍也篇第六》）仁，要求处处要想到他人，并为他人着想。子曰："志士仁人，无求生以害人，有杀身以成仁。"（《论语·卫灵公篇第十五》）仁者为国家、民族和人类的正义事业，可以赴汤蹈火，不惜献出自己的生命。

（4）因此，仁是构建和睦家庭、和谐社会、和好国家的基石，是人类属性发展和进化的最高境界，是人类永恒追求的目标。子曰："苟志于仁，无恶也。"（《论语·里仁篇第四》）如果能立志于施行仁道，那么，人类世界就没有伤人害人的恶事了。

四、克己复礼为仁

颜渊问仁，子曰："克己复礼为仁。"（《论语·颜渊篇第十二》）

"克己复礼为仁"是孔子对教育的最简洁的概括。"克己复礼"是每个人终生都要遵守的准则，是人性改造的纲领，是人类教育的根本原则。

仁，要从改造人性着手，改造人性就要克己、制己和修己。"修己以敬""修己以安人""修己以安百姓”（《论语·宪问篇第十四》）。

礼道行。礼是人的行为准则，以礼待人是礼的基线。礼的真谛是仁的体现，是仁的落实。仁，只有成为人性，成为人的实践行为，才具有真实的价值。

因此，克己是为了培养和塑造人性，树立仁心，复礼要求人与人之间以礼相待，相互关爱，相互呵护。“礼之用，和为贵。”（《论语·学而篇第一》）以仁为本的礼是真诚之礼，不是虚情假意之礼。只有真诚之礼才能构建人类的和睦家庭、和谐社会和和好国家。

第十章　大学之道

《大学》通常认为是孔子学生曾子所作。

宋代程颢将“大学”视为“初学入德之门也”（《大学》序言）。其实，大学是继小学之后，为高端执政者和预备参政的君子必修的太学教育。按“三纲八目”之说，大学几乎概括了孔子以教育塑造人类精神文明的整个哲学思维和施教纲领。从明德、亲民到至善的三个纲领，通过格物、致知、诚意、正心的前四目进入修身、齐家、治国、平天下的后四目，最后达到“止于至善”（《大学》第一章），其终极是大同世界。

大学为现代教育提供了一个可实践的思路和正确导向。

一、格物致知

格物就是探索事物，从事物中认识事物。格物致知就是实事求是地从存在中寻觅存在的真谛，这是唯物哲学，从存在中认识存在世界，不是从意识中、想象中或是大脑思维中寻觅存在世界。

“格物致知”（《大学》第一章）表示知识只能来源于物质世界。

从格物，人类知道存在世界是运动的、变化的、发展的。这些运动、变化和发展是按规律进行的，具有逻辑性、程序性和因果性等。所以说，“物有本末，事有终始，知所先后，则近道矣”（《大学》第一章）。

认识存在事物的运动、变化和规律，是为人类的理性思维奠定基础。人类有了理性才能讲道理，明是非，别善恶，进而讲道德，说仁义，这就是“入德之门”的第一步。

二、诚意、正心

从探索人的属性，就能认识到人有个人利益和诉求，人有七情和六欲，这是每个人确确实实存在的真实情况。一个带着私和欲的人如何才能“明明德”（《大学》第一章）？

权迷心窍，权令智昏；财迷心窍，利令智昏；名迷心窍，名令智昏；物迷心窍，物令智昏；色迷心窍，色令智昏。这些权欲、利欲、名欲、物欲和色欲严重的干扰着人的理性。因此，要“明明德”，“入德之门”，首先须要“诚意”，只有制约私和欲，管控争和妄，排除一切杂念的干扰，诚心诚意、一心一意把心放在“明明德”上，只有这样，才能达到“克明德”“克明峻德”（《大学》第二章），这就是正心。

三、明明德

“大学之道，在明明德”（《大学》第一章）。“明明德”是大学之道的主题，贯穿在整个大学教程中，从求道、修道到施道、行道都在围绕着如何实现光明正大之德（明德）而展开。这不仅是学习过程，更是自我改造过程。

《康诰》曰："克明德。"《大甲》曰："顾諟天之明命"。《帝典》曰："克明峻德。皆自明也諟"（《大学》第二章）。这是引用文献《尚书》要求以光明之德（明德）、天道之德（天之明命）、崇高之德（峻德）来改造自己，从而实施和弘扬这些道德。

四、亲民

"明明德"的目的在"亲民"（《大学》第一章）。

亲民就是施道、行道，以光明之德、天道之德、崇高之德对待人民，视人民为亲人，将长者当父兄，年幼者当子侄，实现"仁者，人也，亲亲为大"（《中庸》第二十章）。

"亲民"的"亲"字又可以作"新"字解。这是说能"明明德"而修身改造自己者就能成为新人。"汤之《盘铭》曰：'苟日新，日日新，又日新。'"（《大学》第三章）这是商朝执政者在洗澡浴盆上的座右铭，以此提醒和激励自己要不断地改造自己，像洗澡一样去除自己身上污垢，使自己能够成为“苟日新，日日新，又日新”的新人。

五、止于至善

“大学之道在明明德，在亲民，在止于至善。”（《大学》第一章）

从格物致知、诚意正心开始以光明之德、天道之德、崇高之德来改造自己，使自己成为“新民”（《大学》第三章）。只有这样，才能亲民爱民，视老者为父母、长者为兄长、幼者为子侄，达到“惟善以为宝”、“仁亲以为宝”（《大学》第十一章）、“亲亲为大”（《中庸》第二十章）的止于至善的境界。

六、齐家、治国、平天下

“自天子以至于庶人，壹是皆以修身为本。”（《大学》第一章）

从最高执政者到黎民百姓，都能修道以自教，进行自我改造，“苟日新，日日新，又日新”（《大学》第三章），都成为新民，相互尊重，相互关爱，只有这样，才能“齐家、治国、平天下”（《大学》第一章），构建和睦的家庭、和谐的社会、和好的国家和和平的世界！

第十一章　中庸之道

一、概述

子曰："中庸其至矣乎！民鲜能久矣。"（《中庸》第三章）孔子视中庸为至高无上之道。中庸是以天道改造人道，以天道之德培养和塑造人的道心；以道心来制约和管控险恶、无常和多变的人心。远在尧舜时代，执政者已经发现"人心惟危，道心惟微"（《尚书》·大禹谟），因此，尧舜交待接班人一定要"允执其中"（《论语·尧曰第二十》），忠诚坚守中正之道。

孔子秉承先教，发展中庸之道，而中庸之施行，最重要、最关键、最困难的是执政者的教育。随着时代的变迁，大道废，原始的执政者已成为奴隶制和封建制的统治者。他们大权在握，万民听令，高高在上，至尊至贵，要他们接受教育和改造是非常困难的。况且，世俗畏于权势，把他们吹捧成神明、天子、圣人、伟人，顶礼膜拜，不管他们做错做对都报之以“山呼万岁”“皇恩浩荡”。如此，造成上层失道失教，下层“有教无类”的全民教育也根本无法开展。失去教育的人民势将成为群盲，他们正是统治者用于争权争霸，发动战争的人矛人盾。历史史实不乏其例，秦国灭赵，白起为将，一次就坑杀赵卒四十万人，血流成河，尸骨堆山。

孔子深知和坚信人类世界只有通过教育才能走向理性和良知的发展道路。为此，孔子宁作“知其不可而为之者”（《论语·宪问第十四》），知难而进，矢志不移，为中庸之道终生奔走呼号，不遗余力。

中庸是孔子教育思想的最高境界，是人类走向物质文明和精神文明同步发展的必由之路。

中庸之道的核心理念如下。

（1）政教合力，权力中心成为教化中心，为政者既是官员，又是为人师表、以身作则的教员。

（2）修道之谓教，教育先从权力中心的官员开始，要求既是官员又是教员者首先受教、自教和互教，进而全面展开“有教无类”的全民教育。

（3）教育是人类的永恒事业，任何人的一生都要在受教、自教和互教的过程中，保住自己的灵魂，守住自身的价值、人格、操守和尊严。

（4）圣人不是天生的，也不可能“圣圣相承”（朱熹·中庸章句）。圣人同样需要经过受教、自教和互教的改造过程。孔子以自身为例，从“十有五而志于学”到“七十而从心所欲，不逾矩”整整用了五十五年，才成就了“万世师表”！

二、中庸之源

远溯尧舜时代，尧禅位给舜时，尧曰：“天之历数在尔躬，允执厥中。”（《论语·尧曰第二十》）“允执厥中”就是中庸之源，意为忠诚坚守中正之道。

到了舜禅位给禹时，舜告诫禹："人心惟危，道心惟微，惟精惟一，允执厥中。"（《尚书》大禹漠）在此，舜亲身经历过"人心惟危，道心惟微"，为此，警示禹要精诚实意地致志于中正之道，时刻警惕着惟危的人心。几千年之后，我们回顾此嘱，可谓血泪之言，金石之训。5000年来，历朝历代的帝王和统治者，几乎没有一个领悟到此中的真谛，他们在权力斗争中，以险恶、无常、多变的惟危之心，机关算尽，诡计用尽地反复进行着父子相杀，兄弟相煎，同室操戈，战友相残的悲剧！

孔子先觉，有鉴于前而创中庸之道。"子思忧道学之失其传"（《朱熹》中庸章句序），而作中庸之篇。

三、中庸的内涵

"中庸"在开篇明示："天命之谓性，率性之谓道，修道之谓教。道也者，不可须臾离也，可离，非道也。"（《中庸》第一章）这就是中庸之道的主轴。这个主轴可分两个方面：

中庸之道是效法天道，以天道改造人道。在求道、修道和行道中，不断地改造人心，培育道心。只有不断地增强、增强道心，使人在道中，道在心中，才能制约“惟危”的人心。在权力场中，人心非常容易着魔，所谓“道高一尺，魔高一丈”，可见制约人心之魔是何等艰难！这不仅仅是修行的切身体验，更是历史史实和现实世界一再呈现的现象。因此，求道、修道和行道者，务必如临深渊，如履薄冰，时刻警惕，紧守道心，坚持不懈地发展道心。

“道也者，不可须臾离也；可离，非道也。”道是要以身相许，生死不离。程子曰：“不易之谓庸”，又云“庸者，天下之定理”（《中庸》序言），这是对“中庸”中“庸”的解释，意为坚守中道，永不改变。孟子曰：“富贵不能淫，贫贱不能移，威武不能屈”（《孟子》滕文公下），。更明白地说，道要在时空中永恒相随，形影不离，为的是紧紧地制约着“惟危”的人心。

时空在推移，事物在演变，但是守道之心分秒不离，永恒不变，只有紧守道心，才能坚行中道！

上述两个方面蕴涵着一个目的，那就是改造人类。人类世界的进化，唯一的道路是人类自我教育、自我改造。人类只有在不断的自我教育、自我改造中，才能走向物质和精神同步发展的文明世界。

四、修道之谓教

“修道”就是用天道改造人道。“教”就是教育，人需要教育，更需要自我教育。教育就是改造人性。人性的私和欲，在缺乏教育的环境下，就会转化为损人利己之私和伤人逞己之欲。私和欲进一步膨胀就会出现争和妄，人类世界的灾难几乎都来自人性的私、欲、争、妄，而“人心惟危”就是万恶之源。修道就是要培养、扶植人的道心。“道心惟微”，表示人的道心是脆弱的、幼嫩的，抵不过“惟危”的人心。因此，必须强化道心的培养和扶植；使道心占领人心，主导人心；只有强大的道心才能主导人心，制约“惟危”的人心。中庸之道，把道心占领人心，主导人心，制约“惟危”的人心，作为永恒的进行式，丝毫不可松懈，时刻不能间断，这就是“道也者，不可须臾离也；可离，非道也”（《中庸》第一章）。

五、道的施行与实现

这是一个改造人类世界的巨大工程，既伟大又艰巨，而且是一个漫长没有完成期的工程。

要改造人类世界必先改造人。子曰：“人能弘道，非道弘人。”（《论语·卫灵公篇第十五》）道的施行与实现是离不开人的。而人的改造却是最严重、最关键、最艰巨的问题，尤其是执政者的改造是一个最大的难题，加上人的改造又是长期的，不可间断的。所谓“十年树木，百年树人”（《管子》权修），说明人的终生都要处于受教、自教的改造中，这是难上加难，何其难也！

孔子深知离开拥有权力的执政者，道的施行与实现根本不可能，“有教无类”的全民教育更是一句空话。因此，将道引入为政施政中，是唯一的选择，别无他途，只有迎难而上。

中庸之道要使执政的权力中心，成为教化中心，既施道行道，又施教行教。“道之以德，齐之以礼”（《论语·为政篇第二》）。全国上下都能以德改造自己，以礼制约自己。“为政以德，譬如北辰，居其所而众星共之。”（《论语·为政篇第二》）执政者既是施政施道者又是为人师表、以身作则的施教者，从而成为万民共仰的北极星辰。

道的施行与实现关键在于“惟精惟一，允执厥中”。修道和行道者都要精诚专注，一心一意地坚守中正之道，持之以恒，永不间断。子曰：“天下国家可均也，爵禄可辞也，白刃可蹈也，中庸不可能也。”（《中庸》第九章）。纵有治国之才，淡泊利禄之德，上刀山、下火海之勇，如果不能固执道心，时刻不离，终身相守，那么中庸之道是不可能施行和实现的。

第十二章　大同世界

哲学源于实践，复归于实践；哲学是实践的灯塔和导航，它将为人类实现理想提供蓝图。孔子继承老子哲学，学以致用。这里以孔子念念不忘的大同世界作为孔子哲学的总结篇章。

“大道之行也，天下为公，选贤与能，讲信修睦，故人不独亲其亲，子其子，使老有所终，壮有所用，幼有所长，矜寡孤独废疾者，皆有所养。男有分，女有归。货恶其弃于地也，不必藏于己；力恶其不出身也，不必为己。是故谋闭而不兴，盗窃乱贼而不作，故外户而不闭，是谓大同。”（《礼记》礼运）

一、天下为公

反对“溥天之下，莫非王土；率土之滨，莫非王臣”（《诗经》小雅·北山）。反对把天下归于一个人，反对把天下归于一个族群。

天下者天下人之天下，人民者天下人之人民，权力者天下人之权力。任何个人、任何族群都不得独占权力。独占权力是人类世界乱之始，祸之端，后患无穷。

天下为公要求权力属于全体人民，属于全人类。权力的使用要求公平、公正、公道和公开，权力的施行要受全体人民的监管。权力的公有化是保证每个人都拥有人权的有力措施。每个人的人权要比土地所有权和财产所有权更为神圣，更为不可侵犯。权力的存在决定着人的地位和尊严。对于没有权力的人民，“民为贵，社稷次之，君为轻”（《孟子》尽心下）只是一句空话。有权的“为轻”之君可以任意霸凌、欺压和虐杀无权的“为贵”之民，说明权力的拥有是何等重要！

二、选贤与能

权力的公有保证每个人都有不可侵犯的选举权、被选举权和罢免权。这些权的独立性和自主性又是选贤与能的保证，任何人不得干扰。

选贤与能意味着权力源的下移。掌权者的权力来源于天下人、来源于人民，他们要对天下人负责，要对人民负责。实现了老子哲学的“贵以贱为本，上以下为基”（《道德经》第三十九章），权力属于天下人，扎根于天下人。

选贤与能实现贤者治国，不是精英治国。子曰：“骥不称其力，称其德也。”（《论语·宪问篇第十四》）只有“谋道不谋食”（《论语·卫灵公篇第十五》）、“食无求饱，居无求安”（《论语·学而篇第一》）者，才可以作为选贤与能的候选人。

三、讲信修睦

只有“有教无类”（《论语·卫灵公篇第十五》）的全民教育，才能“六亿神州尽舜尧”（毛泽东《七律二首·送瘟神》）。教育，只有全民教育才能达到“仁者，人也，亲亲为大”（《中庸》第二十章）。人与人之间以仁相待、以爱相处、相互帮助、相互呵护，从而讲信修睦。“故人不独亲其亲，不独子其子，使老有所终，壮有所用，幼有所长，矜寡孤独废疾者，皆有所养”。

教育的普及，达到全民受教，需要权力的发动和支撑。只有天下为公，权力公有化，天下人拥有权力，才能使天下人获得受教权，全民教育才有实现的可能。

物有本末，事有终始。教育是本，是始；讲信修睦是末，是终，是结果。

四、各得其位，各尽其力

拥有权力的天下人就可以实现天下人自己安排天下人，男有分，女有归，幼有所长，壮有所用，老有所终，矜寡孤独废疾者皆有所养。各得其所，各得其位，各安其生。

当天下人真正感到自己是拥有天下的人，是天下的主人时，就会“货恶其弃于地也，不必藏于己，力恶其不出于身也，不必为己”。

五、大和造就大同

权力的回归，教育的普施，造就人者仁也，仁者人也，人人都成为仁者的世界。“是故谋闭而不兴，盗窃乱贼而不作”，道不拾遗，夜不闭户，家庭和睦，社会和谐，国家和好，天下和平，以此大和造就大同世界。

图书在版编目（CIP）数据

孔子哲学 / 蓝进著 . -- 青岛 : 中国海洋大学出版社，2025. 1. -- ISBN 978-7-5670-4043-4

Ⅰ . B222.25

中国国家版本馆 CIP 数据核字第 2024T55S51 号

出版发行 中国海洋大学出版社
社　　址 青岛市香港东路 23 号
邮　　编 266071
网　　址 http://pub.ouc.edu.cn
电子信箱 wangjiqing@ouc-press.com
订购电话 0532-82032573（传真）
责任编辑 王积庆
电　　话 0532-85902349
印　　制 青岛国彩印刷股份有限公司
版　　次 2025 年 1 月第 1 版
印　　次 2025 年 1 月第 1 次印刷
成品尺寸 170mm × 230mm　1/16
印　　张 7.25
字　　数 86 千字
定　　价 39.00 元